10 CHRISTMAS D
VOL 2.

CONTENTS

Deck the Halls

Old Welsh Air
arr. B. C. Dockery

Violin

Deck the Halls

Old Welsh Air
arr. B. C. Dockery

Deck the Halls

Cello

Old Welsh Air
arr. B. C. Dockery

Deck the Halls

Piano

Old Welsh Air
arr. B. C. Dockery

God Rest Ye Merry Gentlemen

Traditional
arr. B. C. Dockery

Violin

God Rest Ye Merry Gentlemen

Traditional
arr. B. C. Dockery

Cello

God Rest Ye Merry Gentlemen

Traditional
arr. B. C. Dockery

Piano

God Rest Ye Merry Gentlemen

Traditional
arr. B. C. Dockery

Good King Wenceslas

Traditional
arr. B. C. Dockery

Allegro (M.M. ♩ = c. 120)

Violin

Good King Wenceslas

Traditional
arr. B. C. Dockery

Cello

Good King Wenceslas

Traditional
arr. B. C. Dockery

Good King Wenceslas

Piano

Traditional
arr. B. C. Dockery

I Heard the Bells on Christmas Day

Jean Baptiste Calki
arr. B. C. Docker

I Heard the Bells on Christmas Day

Violin

Jean Baptiste Calkin
arr. B. C. Dockery

I Heard the Bells on Christmas Day

Cello

Jean Baptiste Calkin
arr. B. C. Docker

I Heard the Bells on Christmas Day

Jean Baptiste Calkin
arr. B. C. Dockery

Piano

I Saw Three Ships

Traditional English
arr. B. C. Docker

I Saw Three Ships

Violin

Traditional English
arr. B. C. Dockery

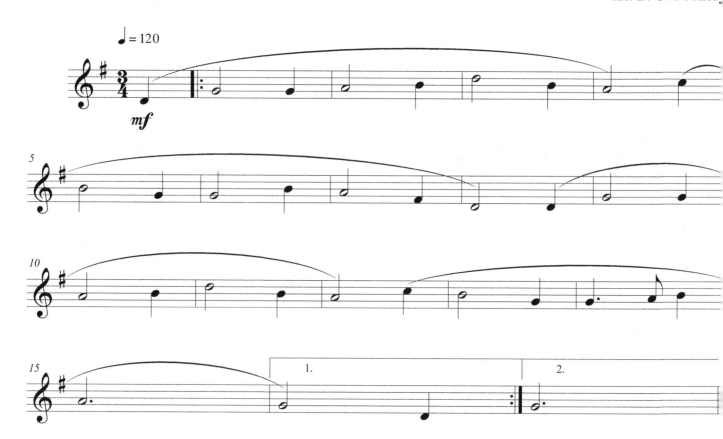

Cello

I Saw Three Ships

Traditional English
arr. B. C. Dockery

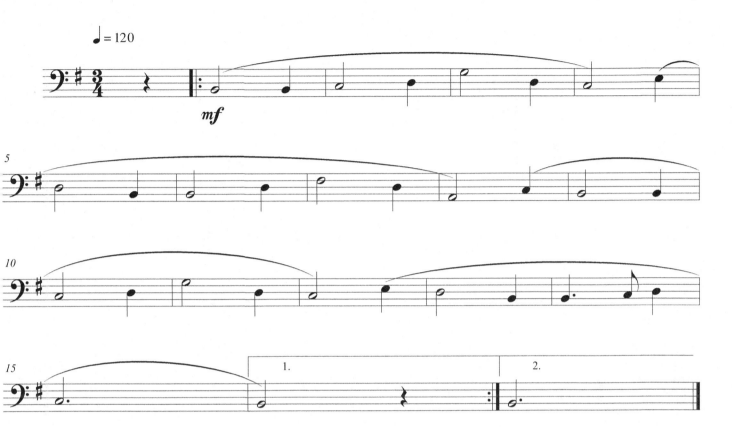

I Saw Three Ships

Piano

Traditional English
arr. B. C. Dockery

O Come, O Come, Emmanuel

Plainsong
arr. B. C. Dockery

©2021

O Come, O Come, Emmanuel

Violin

Plainsong
arr. B. C. Dockery

Cello
O Come, O Come, Emmanuel

Plainson
arr. B. C. Docker

O Come, O Come, Emmanuel

Piano

Plainsong
arr. B. C. Dockery

O Little Town of Bethlehem

Lewis H. Redne
arr. B. C. Dockery

O Little Town of Bethlehem

Violin

Lewis H. Redne
arr. B. C. Docker

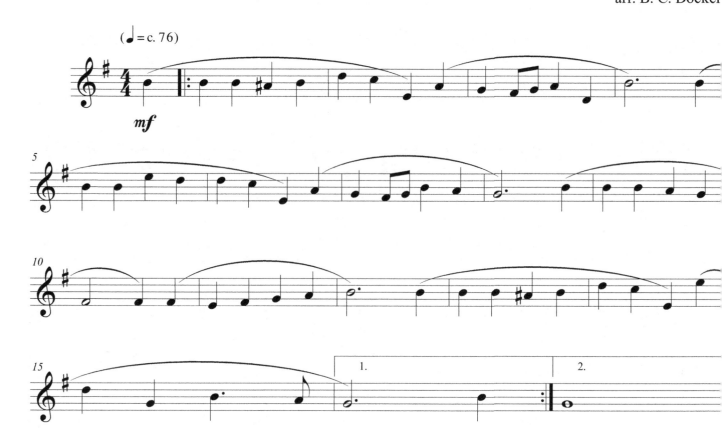

O Little Town of Bethlehem

Cello

Lewis H. Redner
arr. B. C. Dockery

O Little Town of Bethlehem

Piano

Lewis H. Redner
arr. B. C. Docker

Still, Still, Still

Traditional Austrian Carol
arr. B. C. Dockery

Still, Still, Still

Still, Still, Still

Violin

Traditional Austrian Carol
arr. B. C. Dockery

Cello

Still, Still, Still

Traditional Austrian Carol
arr. B. C. Docker

Still, Still, Still

Traditional Austrian Carol
arr. B. C. Dockery

Piano

The Twelve Days of Christmas

Traditional English Carol
arr. B. C. Docker

2

The Twelve Days of Christmas

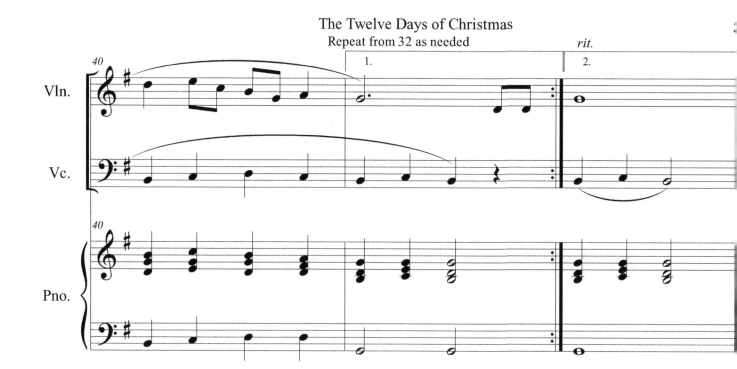

The Twelve Days of Christmas

Violin

Traditional English Carol
arr. B. C. Dockery

The Twelve Days of Christmas

Cello

Traditional English Carol
arr. B. C. Docker

repeat as needed

repeat from 32

rit.

Piano

The Twelve Days of Christmas

Traditional English Carol
arr. B. C. Dockery

The Twelve Days of Christmas

repeat as needed

repeat from 32   *rit.*

36

We Wish You A Merry Christmas

Traditional English Carol
arr. B. C. Dockery

We Wish You A Merry Christmas

Violin

Traditional English Carol
arr. B. C. Dockery

We Wish You A Merry Christmas

Cello

Traditional English Carol
arr. B. C. Docker

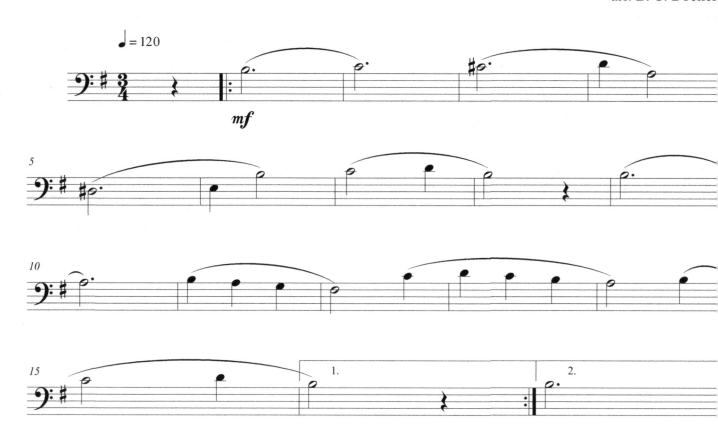

We Wish You A Merry Christmas

Piano

Traditional English Carol
arr. B. C. Dockery

Made in the USA
Coppell, TX
19 December 2021

69556497R00031